Die großen Fragen des Lebens

Die großen Fragen des Lebens

Eine Reise zu dir selbst

riva

Bibliografische Information der Deutschen Nationalbibliothek
Die Deutsche Nationalbibliothek verzeichnet diese Publikation in der Deutschen Nationalbibliografie; detaillierte bibliografische Daten sind im Internet über **http://d-nb.de** abrufbar.

Für Fragen und Anregungen
info@rivaverlag.de

Wichtiger Hinweis
Ausschließlich zum Zweck der besseren Lesbarkeit wurde auf eine genderspezifische Schreibweise sowie eine Mehrfachbezeichnung verzichtet. Alle personenbezogenen Bezeichnungen sind somit geschlechtsneutral zu verstehen.

Originalausgabe
7. Auflage 2022

Türkenstraße 89
80799 München
Tel.: 089 651285-0
Fax: 089 652096

Umschlaggestaltung und Layout: Melanie Melzer
Satz: Satzwerk Huber, Germering
Druck: GGP Media GmbH, Pößneck
Printed in Germany

ISBN Print 978-3-7423-0160-4

Wir produzieren nachhaltig
www.m-vg.de

Weitere Informationen zum Verlag finden Sie unter
www.rivaverlag.de
Beachten Sie auch unsere weiteren Verlage unter www.m-vg.de

Vorwort

Beim Nachdenken über mein bisheriges Leben und das, was noch auf mich zukommen würde, ist mir klar geworden, wie sehr ich von den Fragen geprägt wurde, die ich mir und anderen gestellt habe.

Mit meiner unstillbaren Neugierde habe ich viel gelernt. Vor allem über mich selbst.

Die folgenden Fragen hatten den größten Einfluss auf mich. Ich möchte sie dir nicht vorenthalten.

Dein
David Tripolina

Heute und morgen

Was hast du heute gelernt?

Wie hast du die Welt heute ein kleines Stück besser gemacht?

Über was hast du dich heute richtig gefreut?

Was hast du heute geliebt?

Möchtest du dich lieber auf heute oder auf morgen konzentrieren?

Wann hast du zuletzt etwas zum ersten Mal getan?

Wann warst du zuletzt im richtigen Moment am richtigen Ort?

Ist jeder Tag ein neuer Anfang?

Worauf freust du dich jeden Tag?

Bist du auf dem richtigen Weg?

Was würdest du dir wünschen, wenn du wüsstest, dass alles, was du dir wünschst, auch in Erfüllung geht?

Welche Fähigkeiten müsstest du erlernen und was müsstest du ändern, um deine Ziele zu erreichen?

Was lenkt dich von deinem Ziel ab?

Wie kannst du dein Leben ändern, um Ablenkungen und Störungen zu eliminieren?

Würdest du lieber mehr Höhepunkte erleben, auch wenn das mit mehr Tiefpunkten einherginge?

Was möchtest du unbedingt noch erleben?

Welche Note würdest du deinem Leben geben?

Interessen

Wofür interessierst du dich wirklich?

Welche Gefühle bestimmen dein Leben?

Welche Gefühle würdest du gerne aus deinem Leben verbannen?

Welche Gefühle würdest du gerne verstärken?

Was kannst du tun, um dich gut zu fühlen?

Was hält dich davon ab?

Was gibst du vor, nicht zu wissen?

Welcher Mensch interessiert dich besonders?

Stärken und Schwächen

Was sind deine großen Stärken?

Was ist dein größtes Talent?

Womit hast du mehr erreicht: mit Talent oder mit Fleiß und Ehrgeiz?

Wo liegen deine Schwächen?

Welche Schwäche hast du zuletzt beseitigt?

Wie ist dir das gelungen?

Versuchst du, dich zu verändern?

Was ist dein größtes Hemmnis?

Was möchtest du noch lernen?

Wie siehst du dich selbst am liebsten?

Was ist schlimmer: zu scheitern oder es gar nicht erst versucht zu haben?

Ziele

Welche Ziele hast du dir gesetzt?

Wie arbeitest du darauf hin, diese Ziele zu erreichen?

Woran musst du glauben, um diese Ziele zu erreichen?

Welches Erlebnis hattest du zuletzt, das dich darin bestärkt hat, dass du deine Ziele erreichen kannst?

Was kannst du tun, um mehr von diesen Erlebnissen zu haben?

Für welche Dinge wendest du viel Zeit auf, die nicht der Erfüllung deiner Ziele dienen?

Fühlst du dich in deinem Leben zu etwas berufen?

Was würdest du als deinen größten Erfolg bezeichnen?

Bist du der oder die geworden, der oder die du werden wolltest?

Wenn du morgen sterben würdest, was würdest du bereuen?

Was war die beste Zeit in deinem bisherigen Leben?

Glaubst du, es wird eine noch bessere Zeit kommen?

Was tust du, damit diese Vorstellung wahr wird?

Was möchtest du dir in deinem Leben noch unbedingt kaufen?

Was hast du dir gekauft, das dein Leben wirklich bereichert hat?

Wenn du Gott treffen würdest, was würdest du dir von ihm wünschen?

Glück

Was ist dein größter in deinem Leben erreichbarer Traum?

Was ist dein größter in deinem Leben unerreichbarer Traum?

Denkst du, dass man alles erreichen kann, wenn man nur will?

Wer oder wie wärst du gern, bist es aber nicht?

Was hält dich davon ab, so zu sein?

Bist du „angekommen“ in deinem Leben?

Falls nicht, wann, denkst du, wirst du ankommen?

Wie stellst du dir deinen persönlichen Weg zum Glück vor?

Wie, denkst du, fühlst du, wenn alle deine Lebensträume in Erfüllung gegangen sind?

Kann man Glück erzwingen?

Was war das schönste Kompliment, das du jemals bekommen hast?

Unglück

Was sind momentan die größten Probleme in deinem Leben und wie könntest du sie am schnellsten lösen?

Wovor fürchtest du dich am meisten?

Was ist das Schlimmste, was du je getan hast?

Wie oft denkst du daran?

Was ist das Schlimmste, was dir je zugestoßen ist?

Wie oft denkst du daran?

Wie oft hast du Alpträume?

Welches sind deine häufigsten Alpträume?

Was war der größte menschliche Verlust in deinem Leben?

Wie lange hast du getrauert?

Weinst du oft? Wie oft? Wann?

Fällt es dir schwer, vor anderen Menschen deine Gefühle zu zeigen?

Warum, denkst du, ist das so?

Was möchtest du in deinem Leben am dringendsten ändern?

Auf wen bist du wütend?

Hast du Rachegelüste?

Wirst du ihnen nachgeben?

Gibt es einen Menschen, dem du viel Kummer bereitet hast?

Wie baust du dich nach einem schlechten Tag wieder auf?

Wer gibt dir in schweren Tagen Halt?

Wer hat dir in deinem Leben am schlimmsten wehgetan?

Geld und Besitz

Wie wichtig ist dir Geld?

Wie viel verdienst du?

Wie viel brauchst du wirklich zum Leben?

Wie viel würdest du gern einmal verdienen?

Wie viel, glaubst du, wirst du einmal maximal verdienen?

Wenn du 100.000 Euro hättest, die du sofort ausgeben müsstest, was würdest du kaufen?

Wirst du eines Tages erben? Wie viel? Was wirst du damit tun?

Was ist dein größter durch Geld erfüllbarer Wunsch?

Möchtest du lieber alle Armen deines Landes aus der Armut holen oder selbst Millionär sein?

Was bedeutet für dich Luxus?

Was sollte allen Menschen zustehen?

Findest du, du zahlst zu viel Steuern?

Was war der größte materielle Verlust in deinem Leben?

Wer hat ihn verschuldet?

Wenn du vor deinem morgigen Tod eine Million zu verteilen hättest, wer würde wie viel von dir bekommen?

Wenn du nur drei Gegenstände aus deinem brennenden Haus retten könntest, welche wären das?

1.

2.

3.

Welches Schmuckstück bedeutet dir sehr viel?

Welches Geschenk hat dich besonders glücklich gemacht?

Was war das großzügigste Geschenk, das du in deinem Leben gemacht hast?

Wem hast du es geschenkt?

Spendest du regelmäßig?

Wen unterstützt du?

Welchen materiellen Traum trägst du schon sehr lange mit dir herum?

Wie würdest du deine Zeit verbringen, wenn du nicht mehr arbeiten müsstest?

Gibt es etwas, das du sammelst?

Warum ausgerechnet das?

Was würdest du tun, wenn Geld keine Rolle spielte?

Kindheit und Jugend

Was für ein Kind warst du? Beschreibe dich in Adjektiven (z.B. wild, fröhlich, ängstlich ...)

Wovor hast du dich als Kind gefürchtet?

Wann ist diese Angst verschwunden?

Wie hast du dir als Kind dein Erwachsenenleben vorgestellt?

Welche deiner Kindheitsträume sind in Erfüllung gegangen?

Was war das schlimmste Erlebnis deiner Kindheit?

Inwiefern hat dich das für dein ganzes Leben geprägt?

Welche Menschen hast du als Kind bewundert und wofür?

Bist du heute selbst ein wenig so wie diese Menschen?

Glaubst du, dein Charakter wurde eher durch deine Gene geprägt oder durch deine Umwelt?

Wie hat dich die Erziehung deiner Mutter geprägt?

Welche deiner Charakterzüge hat sie verstärkt und welche geschwächt?

Wie hat dich die Erziehung deines Vaters geprägt?

Welche deiner Charakterzüge hat er verstärkt und welche geschwächt?

Wie haben dich deine Großeltern geprägt?

Welche Erinnerungen hast du an sie?

Hast du in deiner Kindheit etwas erlebt, das du als traumatisch bezeichnen würdest?

Wenn ja, hast du das Gefühl, du hättest dieses Trauma überwunden?

Hat dir jemand dabei geholfen?

Was ist der früheste Moment deiner Kindheit, an den du dich noch erinnern kannst?

Was war der erste wunderschöne Moment, an den du dich erinnern kannst?

Wie sehr hat dich dein Vorname geprägt?

Wie würdest du gerne heißen, wenn du dir deinen Namen selbst aussuchen könntest?

Wie würdest du gerne heißen, wenn du das andere Geschlecht hättest?

Was ist typisch an deiner Familie und deinen Vorfahren?

Hast du Geschwister?

Wenn ja, was ist das Besondere an der Beziehung zu deinen Geschwistern?

Welche Momente deiner Kindheit verbindest du mit Glück?

Welchen Geruch hast du in der Nase, wenn du an deine Kindheit denkst?

An welchem Ort hast du dich besonders geborgen gefühlt?

Welche deiner Ängste, denkst du, sind in deiner Kindheit entstanden und aus welchem Grund?

Wer hat dir deinen ersten Kuss gegeben? Wie hat sich das angefühlt?

Wer war deine erste große Liebe?

Warst du in deiner Pubertät glücklich?

Was war deine größte Jugendsünde?

Was war der peinlichste Moment deiner Jugend?

Was haben dir deine Eltern verboten, was dich sehr geärgert hat?

Wenn dich jemand hätte adoptieren müssen, wen hättest du gewählt?

Beruf und Karriere

Was ist dein Traumberuf?

Was ist das Wichtigste, das du beruflich in diesem Monat erreichen möchtest?

Was kannst du richtig gut in deinem Beruf?

Verdienst du gut genug für das, was du leistest?

Könntest du mehr leisten?

Liebst du deinen Job?

Welchen Beruf würdest du lieber ausüben als deinen jetzigen?

Wer war dein schlimmster Chef? Wer dein bester? Welche Eigenschaften haben sie jeweils dazu gemacht?

Was würdest du für einen Beruf wählen, wenn du dabei nicht scheitern könntest?

Glaubst du, es gab in deinem beruflichen Leben eine Fehlentscheidung, die deine Karriere verändert hat?

Würdest du heute noch mal die gleiche Ausbildung machen?

Würdest du bis hierhin wieder den gleichen beruflichen Weg gehen?

Wenn nein: Wie sähe deine Wunschkarriere aus heutiger Sicht aus?

Gab es einen Menschen, der dir in deiner Berufslaufbahn entscheidend geholfen hat?

Wann möchtest du in den Ruhestand gehen?

Was willst du dann verstärkt tun, für das du neben der Arbeit zu wenig Zeit gefunden hast?

Wenn du als Kind gefragt wurdest, welchen Beruf du gerne ergreifen möchtest, was hast du geantwortet?

Kam es so? Was hat deine Wahl verändert?

Welcher Tätigkeit bist du nachgegangen, als du das letzte Mal die Zeit vergessen hast?

Wann hast du das letzte Mal einen ganzen Tag lang gar nichts gemacht?

Wie ging es dir dabei?

Worin liegt deine Bildungslücke?

Was würdest du gerne noch lernen?

Wenn du heute studieren könntest, was würdest du studieren?

Körper

Was sagt dein Aussehen über dich aus?

Findest du dich schön?

Was gefällt dir am besten an dir?

Hörst du auf deinen Körper?

Was will er dir mitteilen?

Was ist dein Geheimnis für ein langes Leben?

Was tust du für deinen Körper?

Was tust du für deine geistige Gesundheit?

Wie würdest du dein Körpergefühl beschreiben?

Wann fühlst du dich gut in deinem Körper und wann schlecht?

Wo zeigt sich dein Alterungsprozess besonders stark?

Wie alt bist du?

Und wie alt fühlst du dich?

Was würdest du gern an deinem Äußeren ändern?

Welcher deiner Sinne ist am stärksten ausgeprägt?

Liebe

Wie stellst du dir eine perfekte Beziehung vor?

Hast du deinen Seelenverwandten/Traumpartner gefunden?

Wer ist es?

Was verbindet euch?

Was ist an eurer Beziehung nicht perfekt?

Wenn nicht, woran könnte das liegen? Glaubst du, an dir?

Von wie vielen Menschen hast du dich nach einer Beziehung getrennt?

Hast du dich bei der Trennung korrekt verhalten?

Wie viele Partner haben dich verlassen?

Wie würdest du den Trennungsschmerz beschreiben?

Was war dein schlimmster Liebeskummer?

Wie hast du ihn überwunden?

Hast du dich schon einmal auf den ersten Blick verliebt?

Glaubst du an die romantische Liebe?

Wie wichtig ist körperliche Anziehung für dich?

Glaubst du daran, dass es für jeden diesen einen Menschen gibt, die große Liebe, die man nur finden muss?

Findest du, dass auch Liebe eine Art Geschäft ist, bei der Geben und Nehmen in einem fairen Verhältnis stehen müssen?

Würdest du sagen, in deinen Beziehungen gibst du mehr oder nimmst du mehr?

Glaubst du, dass du dein Verhalten in einer Beziehung grundlegend ändern kannst?

Wie hoch ist die Mauer um dein Herz?

Was, denkst du, ist der ideale Zeitpunkt, um zu heiraten?

Oder sollte man gar nicht heiraten?

Was hättest du in deinem Liebesleben gerne anders gemacht?

Wann muss man eine Beziehung beenden?

Glaubst du, dass eine offene Beziehung funktionieren kann?

Was ist der größte Unterschied zwischen dir und deinem (letzten) Partner?

Familie

Wie viele Kinder hast du?

Wie viele Kinder hättest du gern?

Hättest du lieber ein behindertes Kind oder gar kein Kind?

Wärst du lieber alleinerziehend oder kinderlos?

Welche Werte möchtest du an dein Kind weitergeben?

Welchen Stellenwert hat die Familie in deinem Leben?

In welchen Momenten war die Familie für dich besonders wichtig?

In welchen Aspekten ähnelst du deiner Mutter?

Und in welchen deinem Vater?

Gegen welche Eigenschaften hast du dich stets gewehrt?

Über welche Gene freust du dich besonders?

Was wissen nicht einmal deine nächsten Verwandten über dich?

Wie würde dich deine Familie beschreiben?

Zukunft

Wie wünschst du dir dein Leben in fünf Jahren?

Was soll sich unbedingt geändert haben?

Wie kannst du heute schon damit anfangen?

Hängt dein Glücksgefühl von deinem Kontostand ab?

Welche deiner Träume haben sich schon erfüllt und welche nicht?

Würdest du sagen, dass die Umsetzung deiner Pläne von anderen Menschen abhängig ist? Wenn ja, wie könntest du das ändern?

Vergangenheit

Was hättest du viel früher tun sollen?

Was konntest du früher genießen und heute nicht mehr?

Und was hast du erst viel später für dich entdeckt?

An welchen Urlaub denkst du mit Wehmut zurück?

In welchem Zeitalter hättest du gerne gelebt? Warum?

Gibt es in deinem Leben etwas, das du nicht richtig abgeschlossen hast?

Warum nicht?

Wirst du es noch zu Ende bringen?

Wenn du zurückblickst, gibt es etwas in deinem Leben, für das du dir nicht genug Zeit genommen hast?

Glaubst du, du wirst das noch nachholen?

Was ist die Geschichte mit der besten Pointe, die du in deinem Leben gehört hast?

Was war die beste Zeit in deinem bisherigen Leben?

Glaube

Glaubst du? Woran?

Wer oder was ist Gott?

Was hältst du von gläubigen Menschen?

Findest du, dass Religion der Menschheit eher schadet oder nutzt?

Was, glaubst du, passiert nach deinem Tod mit dir?

Glaubst du, dass es eine Seele gibt, die ewig bestehen bleibt?

Bist du ein spiritueller Mensch? Inwiefern?

Hattest du schon einmal ein religiöses Erleuchtungs-erlebnis?

Was hast du für ein Gefühl, wenn du in einer Kirche bist?

Glaubst du manchmal, Gott würde auch dich persönlich beachten?

Glaubst du, dass es Phänomene auf der Welt gibt, die wir mit Naturwissenschaft nicht erklären können?

Glaubst du an ein Leben nach dem Tod?

Glaubst du, dass es außerirdisches Leben gibt?

Krankheiten

Welche Krankheiten hattest du schon?

Welche davon war die schlimmste?

Was hast du durch diese Krankheit gelernt?

Warst du schon einmal psychisch krank?

Wie hast du es geschafft, davon wieder zu genesen?

Vor welchen Krankheiten fürchtest du dich am meisten?

Auf welchen deiner Sinne (sehen, hören, riechen, schmecken, fühlen) würdest du am ehesten verzichten können?

Und auf welchen am wenigsten? Warum?

Tod

Wie möchtest du sterben?

Wann, denkst du, wirst du sterben und woran?

Wie alt würdest du gerne werden, wenn du bis dahin gesund bleiben würdest?

Kannst du dir vorstellen, dir das Leben zu nehmen, wenn du unheilbar krank bist?

Wie würdest du es tun?

Mit wem möchtest du deine letzten Lebensminuten verbringen?

Wie und wo möchtest du beerdigt werden?

Wie stellst du dir deinen Lebensabend vor?

Welche Menschen wünschst du dir dann an deiner Seite?

Wenn du wüsstest, dass du nur noch ein Jahr zu leben hast, wie würdest du deine verbleibende Zeit verbringen?

Wirst du ein Geheimnis mit ins Grab nehmen?

Persönlichkeit und Charakter

Wer willst du sein?

Inwieweit entsprichst du bereits der Person, die du gerne sein möchtest?

Wenn du keine Angst hättest: Was würdest du dann tun?

Bei welcher Gelegenheit hast du schon an dir gezweifelt?

Ist es dir wichtig, was andere von dir denken?

Welche deiner Eigenschaften verheimlichst du gerne?

Welche deiner Eigenschaften zeigst du gerne nach außen?

Welches Talent hat dir die Natur geschenkt?

Was treibt dich in deinem Inneren an?

Folgst du eher deinem Herzen oder deinem Verstand?

Bist du anders, wenn niemand zuschaut?

Welche inneren Widersprüche hast du?

Welche Charaktereigenschaft würdest du dir wünschen?

Was war der wichtigste Vorsatz, den du jemals getroffen hast?

Wie lange hast du durchgehalten?

Was macht dich wütend?

Was ist an dir typisch für dein Herkunftsland?

Wie würde der Titel deiner Autobiografie lauten?

Bist du eher der sesshafte oder der nomadische Typ?

Kommt dein bisheriges Leben diesem Typ entgegen oder wartest du noch auf den Moment, deine Träume zu verwirklichen?

Welches Laster hast du?

Bist du nachtragend?

Wonach bist du süchtig?

Bist du eher vernünftig oder schlägst du häufig über die Stränge?

Wann und was war dein letzter Exzess?

Wie streng bist du in deinem Urteil?

Bist du strenger dir selbst gegenüber oder anderen gegenüber?

Wie würdest du deinen Humor beschreiben?

Wann hast du zuletzt Tränen gelacht?

Welche ist deine Lieblingsfarbe?

Was sagt das über dich aus?

In welchem Punkt möchtest du für immer Kind bleiben?

Stehst du gerne im Mittelpunkt?

Welche übernatürlichen Kräfte hättest du gern?

Führst du Selbstgespräche?

Was machst du nur mit dir selbst aus?

Von wem bist du abhängig?

Wie fühlt sich das für dich an?

Hast du einen Spleen oder Tick?

Kennst du deine Grenzen?

Wer könnte dich gut spielen, wenn man dein Leben verfilmen würde?

Leidenschaften und Hobbys

Welches Buch hat dein Leben verändert?

Was ist dein Lieblingsbuch?

Welcher Film hat dein Leben besser gemacht?

Was ist deine große Leidenschaft?

Wie sieht ein perfekter Tag für dich aus?

Zu welchem Lied tanzt du am liebsten?

Kannst du eine Woche lang auf das Internet verzichten?

Wofür würdest du dir gerne mehr Zeit nehmen?

Wie kannst du dich am besten entspannen?

Nimmst du dir oft (genug) Zeit für dich selbst?

Bei welcher Tätigkeit kannst du die Zeit vergessen?

Wie würdest du deine Zeit verbringen, wenn du nicht arbeiten müsstest und alles tun könntest, was du willst?

Woran denkst du morgens zuerst?

Und woran zuletzt vor dem Einschlafen?

Freunde

Ist es wichtiger für dich, viele Freunde zu haben oder wenige gute?

Wie viele Freunde hast du?

Wer ist dein bester Freund?

Was macht einen guten Freund aus?

Was gibst du deinen Freunden?

Was würdest du deinen Freunden gern mehr geben?

Was vermisst du bei deinen Freunden?

Wie hast du deine Freunde ausgewählt oder hast du das Gefühl, du wurdest ausgewählt?

Welchen Freund, der dir sehr wichtig war, vermisst du?

Warum seid ihr nicht mehr befreundet?

Wie wirst du von anderen wahrgenommen?

Welche überraschende Rückmeldung hast du bekommen?

Wie wünschst du dir, dass andere über dich denken?

Mit welchen Worten möchtest du gern beschrieben werden? Glaubst du, deine Freunde beschreiben dich genau so?

Wie möchtest du behandelt werden?

Behandelst du deine Freunde genauso, wie du selbst gerne behandelt werden möchtest?

Macht es dir etwas aus, wenn du vor anderen weinen musst?

Über welches Thema streitest du am häufigsten?

Welche Eigenschaft bei anderen macht dich wütend?

Was tust du nur, um anderen zu gefallen?

Wer ist dein gefallener Held?

Was ist der beste Rat, den du jemals bekommen hast? Von wem?

Welche Kritik hat dich am meisten getroffen?

Was wissen deine Freunde nicht über dich?

Mit wem an deiner Seite fühlst du dich am wohlsten?

Ethik und Moral

Was sind deine wichtigsten Werte und bist du ihnen stets treu geblieben?

Was hält dich davon ab, die Dinge zu tun, die getan werden müssten?

Was bedeutet Erfolg für dich?

Was ist die größere Tragödie: ein Unschuldiger im Gefängnis oder ein Schuldiger in Freiheit?

Ist der Mensch von Natur aus gut oder böse?

Was ist Schönheit?

Welches Gesetz könnte die Welt zu einem besseren Ort machen?

Für welche ideellen Werte kannst du dich begeistern?

Wie viel von deinem Einkommen bist du bereit, für den Erhalt des sozialen Friedens zu investieren?

Darf man lügen, um jemanden zu schützen?

Heimat und Zuhause

Was ist für dich Heimat?

Gibt es einen Unterschied zwischen Heimat und Zuhause?

Was ist der Geruch, den du mit deiner Heimat verbindest?

Wenn du woanders leben müsstest, wo würdest du leben wollen?

An welchem Ort hältst du dich zu Hause am liebsten auf?

Welches Haus oder welchen Ort würdest du heute noch als deine Heimat bezeichnen?

Wo fühlst du dich geborgen?

Ende

Welche deiner Antworten hat dich am meisten inspiriert? Welches Fazit ziehst du daraus?